Джейме Флор Гутьеррес

Международная логистика

AF154723

Джейме Флор Гутьеррес

Международная логистика

Эволюция логистического менеджмента в международных транспортных операциях в Колумбии

ScienciaScripts

Cover image: www.ingimage.com

This book is a translation from the original published under ISBN 978-620-0-01759-8.

Publisher:
Sciencia Scripts
is a trademark of
Dodo Books Indian Ocean Ltd. and OmniScriptum S.R.L publishing group

120 High Road, East Finchley, London, N2 9ED, United Kingdom
Str. Armeneasca 28/1, office 1, Chisinau MD-2012, Republic of Moldova, Europe
Printed at: see last page
ISBN: 978-620-7-39249-0

Аннотация - В данной научной статье рассматривается вопрос эволюции логистического менеджмента в международных перевозках в Колумбии. Транспорт считается видом деятельности, который развивается практически с момента зарождения человеческой жизни, претерпевает большие позитивные изменения на протяжении истории и, в свою очередь, заставляет логистических операторов принимать новые стратегии, обеспечивающие все более эффективные поставки.

Для международной логистики транспорт является важнейшей частью всей цепочки поставок и производства сырья и товаров. Помимо того, что он постоянно развивается на рынке, он обеспечивает легкость и производительность благодаря разнообразию видов транспорта, существующих по всему миру для перемещения всех видов продукции.

Ключевые слова - распределение, развитие, транспорт, логистика, грузоперевозки, история логистики, логистическое распределение, снабжение, транспортные операции, мультимодальные перевозки, интермодальные перевозки.

Краткое содержание

Введение

Еще несколько лет назад логистика сводилась к доставке нужного количества товаров в нужное место в нужное время, не забывая при этом о другой важной цели - минимизации затрат. Сегодня эта деятельность значительно эволюционировала, превратившись в более сложный и эффективный процесс, не упускающий из виду цель снижения затрат.

Логистику на международном уровне можно рассматривать как процесс обмена товарами, которые перевозятся или распределяются оперативным способом, чтобы многие компании, страны или люди получили общее благо, которое может быть экономическим или удовлетворительным. По этой причине многие компании и учреждения создали сектора, занимающиеся исключительно этой деятельностью.

Эта причина или обстоятельство означает, что логистику можно понимать как способ формирования стратегии компании, при котором можно получить удивительные конкурентные преимущества перед соперниками за счет грамотного развития эффективных транспортных процессов.

Управление логистикой в смысле транспорта означает транспортировку товаров, готовой продукции, сырья и материалов через морские порты, аэропорты и границы с использованием крупных судов, грузовых самолетов, тракторов и железных дорог, сопровождаемую и во многих случаях ограниченную такими аспектами, как инфраструктура, запасные части для транспортных средств, вспомогательные транспортные услуги и топливо, причем последнее является одним из главных препятствий для Колумбии из-за его высокой стоимости, К этому следует добавить тот факт, что транспортный сектор играет важную роль для всех стран, не только экономическую, но и социальную, поскольку конкурентоспособность страны в значительной степени зависит от него, как в случае с наземным транспортом, который позволяет мобилизовать все виды продукции между регионами, включая экспортируемые и импортируемые, поскольку около "80% грузов в Колумбии перевозится по дорогам" (Rosas, 2013).

Если мы проанализируем три вида транспорта, которые существуют в настоящее время, то увидим, что воздушный транспорт зависит от коммерческих самолетов, которые могут быть комбинацией грузов и людей, морской транспорт определяется большими грузовыми судами, которые могут перевозить насыпные или закрытые грузы и/или в больших размерах и количествах, и, наконец, наземный транспорт определяется всеми видами специальных грузовых автомобилей, которые могут перевозить грузы различной вместимости, но в меньших количествах, в отличие от предыдущих двух, а также грузовыми поездами, которые могут быть мобилизованы на специальных линиях, таких как железные дороги или автодороги.

Вышеизложенное делает международную логистику простой для тех, кто хочет ее применить, но при этом необходимо учитывать такие важные аспекты, как планирование перевозок, подготовка груза путем упаковки или физической защиты, экономическая и юридическая защита, чтобы застраховать груз на случай непредвиденных обстоятельств, и, наконец, оптимизация ресурсов.

Эта статья, написанная в качестве исследовательской работы, призвана охватить вышеупомянутые темы, чтобы читатель мог рассматривать их в качестве полезной основы, если он захочет внедрить их или столкнется с какой-либо логистической темой в реальной ситуации.

1. История развития транспорта

Учитывая, что с самого начала своего существования человеку необходимо было передвигаться и преодолевать короткие или длинные расстояния, используя свой разум для достижения собственных целей, ему приходилось изобретать все более эффективные логистические процессы для достижения этих результатов.

Вначале у человека уже были несовершенные или примитивные дороги, созданные отчасти природой, а отчасти самим человеком, которые связывали его с другими городами или пунктами назначения. Именно поэтому возникла необходимость изменить способ передвижения, чтобы добираться до все более отдаленных пунктов назначения и избежать усталости от пеших переходов.

"В XVI веке население Европы удвоилось, соответственно, возросла потребность в транспортировке товаров и людей, была создана сеть дорог, появились повозки, запряженные лошадьми, и носильные животные; начиная с Аль-Ки, транспортное средство стало оказывать явное влияние на эти культуры" (Saldarriaga, 2017).

Так появился транспорт, позволивший им быстро и проворно передвигаться и таким же образом перевозить свои товары и имущество из одного места в другое.

Со временем человек перестал довольствоваться наземным транспортом, запряженным животными, и увидел необходимость перевозить свои товары и самого себя с помощью гораздо более быстрых механизмов, поэтому он изобрел автомобиль. Постепенно появлялись новые идеи, позволяющие пересекать границы, что привело к изобретению водного транспорта, а затем и других чрезвычайно быстрых средств передвижения, которые одновременно пересекали воду и сушу. Именно в это время был изобретен аэроплан, идея которого родилась в подражание движению птиц, и по сей день два последних вида транспорта наиболее широко используются для перевозки людей или предметов в больших количествах.

В соответствии с вышесказанным, необходимость распределения продукции, разработанной компаниями, от конечного состояния производства до ее приобретения и конечного потребления потребителями возникает в результате цепочки видов деятельности, которые позволяют осуществлять передачу в согласованные сроки.

Как известно, любая деятельность имеет свои последствия, и компании, разрабатывающие продукцию, значительно ухудшают состояние окружающей среды и истощают природные ресурсы из-за добычи сырья и загрязнения, вызванного транспортными средствами, используемыми для распространения, а также из-за расходов, связанных с этой деятельностью, поэтому они начинают искать пути экономического развития и роста в компаниях, которые оказывают положительное влияние на деградацию окружающей среды путем восстановления и повторного использования использованной продукции.

Исходя из вышесказанного, мы подчеркиваем важность данной статьи, которая призвана четко проинформировать читателя об истоках логистики и показать, как она развивается сегодня на основе теоретических исследований и реальных примеров компаний. Таким образом, данная статья становится моделью исследования, которая служит руководством для будущего развития всей логистической деятельности в компаниях.

2. Прошлое логистики

2.1 Общая перспектива

В 1950-х годах логистика была связана с военными, а не экономическими концепциями и касалась только приобретения оборудования, обслуживания объектов и транспортировки материалов и людей.

После окончания Второй мировой войны во многих промышленно развитых странах наблюдался рост спроса, что означало сокращение производственных мощностей и невозможность покрыть объем продаж. Это заставило многие компании того времени принять стратегии, похожие на армейские, чтобы расти.

В то время в компаниях, учитывая все вышесказанное, начали затрагивать вопросы замены затрат, например, замены затрат на инвентарь на транспортные расходы, чтобы получить нужные товары для компаний, а также создавать стратегии, которые позволят им продавать свои продукты или товары в любой точке мира.

В ранние времена транспорт был наземным или морским, а в некоторых случаях использовался и тот, и другой, если того требовало путешествие. Купцы путешествовали с товарами или посылали людей, которым доверяли вести дела.

За этим последовали идеи по расширению рынка, так как каналы распределения устарели для многих компаний, что заставило их проанализировать вопросы эффективного распределения и транспортировки с помощью разработок и исследований, чтобы иметь возможность доставить свои продукты или товары в любую точку мира.

2.2 Возникновение и развитие международных перевозок.

Транспорт всегда рассматривался как необходимость, которая развивается с течением времени. Он может использоваться по двум причинам: во-первых, для мобилизации людей и, во-вторых, для перевозки товаров или содержимого в нужное место. С постоянными изменениями и эволюцией транспорт приобретает достаточные преимущества с точки зрения местоположения и времени, поскольку позволяет перевозить людей и их товары из одного пункта назначения в другой. Одними из наиболее важных факторов являются безопасность, свобода передвижения, надежность системы и экономическая эффективность, что делает его одним из наиболее широко используемых видов транспорта.

Изначально международные перевозки касались только наземного и морского транспорта. Много лет назад (в доисторические времена) все виды товаров перевозились по дорогам, примитивным, но эффективным способом.

Сначала пешком или на спине выносливых животных, способных переносить тяжелые грузы, а затем по рекам, озерам и морям на каноэ, плотах или лодках, более известных как гребные суда, которые передвигались с помощью рук, ног или плоских досок.
С ростом спроса были разработаны другие типы парусных судов, которые позволяют перевозить грузы на большие расстояния, а также снижают утомляемость человека, поскольку их основным источником движущей силы является ветер.
В XIX веке, после многочисленных экспериментов, они были постепенно заменены *пароходами*, которые в рамках промышленной революции увеличили их грузоподъемность.

В конце XIX века появился двигатель и, соответственно, *современный корабль*. Эти большие грузовые суда работали в основном на межконтинентальных маршрутах.

В то время как авиационная промышленность переживала свой расцвет, воздушный транспорт начал набирать обороты в последние десятилетия благодаря прототипу аэроплана, изобретенному братьями Райт в 1903 году и послужившему масштабным преобразованием в течение многих лет экспериментов, который затем использовался для перевозки грузов и людей по всему миру. Сегодня воздушный транспорт остается самым инновационным способом транспортировки товаров между городами или странами за короткий промежуток времени, и с тех пор использование различных видов транспорта для перемещения любого вида продукции стало весьма целесообразным и необходимым. Следует также отметить, что различные виды грузового транспорта используются ежедневно, но выбор подходящего вида транспорта зависит от таких важных факторов, как тип груза, размер, объем или количество и важность груза.

3. Транспортное планирование

Как мы уже говорили, транспорт по-прежнему считается самым важным звеном в логистической цепочке как на национальном, так и на международном уровне, ведь речь идет не только о быстрой доставке, но и о тщательной адаптации ее к потребностям клиентов. Более того, благодаря транспорту целое сообщество не обязано производить все на месте, и нет необходимости в импорте-экспорте, более известном как свободная торговля между странами.

Когда мы говорим о национальных или международных логистических транспортных операциях, мы имеем в виду все действия и процедуры, необходимые для перевозки людей или товаров из одного места в другое наиболее эффективным способом. По этой причине планирование перевозок играет важную роль в определении наиболее эффективного способа перемещения людей или товаров из одного места в другое:

• Перевозимый продукт.
• Если его нужно транспортировать
• Пункт или место отправления и прибытия.
• Возможные транспортные маршруты с учетом альтернативных путей.
• Ожидаемое время доставки.

• Вместимость и ограничения по весу и объему.
• ограничения по маршруту *(количество платных дорог и пунктов высадки).*
• Наличие средств передвижения.

3.1 Типы нагрузки

В каждой стране мира разрабатывается широкий спектр товаров, которые необходимо перевозить для коммерциализации и/или использования. Поэтому важно знать, какие типы грузов существуют, чтобы выбрать наиболее подходящий вид транспорта в зависимости от того, являются ли они скоропортящимися, хрупкими или опасными. Ниже приведен список существующих типов грузов.

Используются 3 типа нагрузки

- *Грузы, перевозимые навалом: относятся ко всем типам товаров, которые могут перевозиться независимо друг от друга, в больших или малых количествах. Одна из их основных характеристик - то, что они обрабатываются как единицы, а также позволяют подсчитать количество единиц, хранящихся и готовых к транспортировке.*

Этот тип груза также подразделяется на :

Грузы с упаковкой

Из-за своих свойств он требует защиты в виде контейнера или коробки в качестве "упаковки" для хранения.

Распакованные грузы

Соответствует любому продукту, который не нужно упаковывать для отправки.

Унифицированные нагрузки

Это относится ко всем видам отдельных предметов, упакованных или нет, которые объединяются в одну большую упаковку большого объема и обычно размещаются на поддонах для облегчения транспортировки.

К ним относятся

Грузы на поддонах

Это товары из одной категории со стандартной упаковкой,

сгруппированные вместе и упакованные на паллеты.

Источник: (Maquinaria y materiales de embalaje, S.L)

Подвешенный груз

Как правило, они относятся к одной категории и имеют стандартную упаковку и отличаются от других тем, что поставляются готовыми к развешиванию и подъему. Обычно они являются частью большой партии.

Источник: (Краны и транспорт)

Перевозка грузов в контейнерах

Все товары (упакованные или нет) помещаются в металлический или фибровый ящик длиной 20 или 40 футов для удобной и безопасной транспортировки.

При перевозке такого типа грузов важно четко представлять себе тип перевозимого материала или продукта, поскольку в настоящее время во многих странах мира создается множество различных типов контейнеров, отвечающих особым требованиям Международной организации по стандартизации (ISO) и предназначенных специально для каждого продукта. Ниже *описаны типы морских и наземных контейнеров, доступных в настоящее время.*

Тип контейнера	Описание
Стандарт (сухой конвейер)	Все виды товаров в целом, с упаковкой или без нее
Рефрижератор	Скоропортящиеся продукты
Грузовик-цистерна	Сыпучие жидкости
Открытая сторона (боковая дверца)	Боковой доступ для загрузки
Навалом (закрытый контейнер)	Погрузка сыпучих грузов
Высокий куб	Легкие, крупногабаритные и негабаритные грузы
План	Грузы, с которыми трудно справиться
Открыто сверху	Большие грузы, которые необходимо загружать или разгружать сверху

Источник: собственное производство

Источник: Алехандро Триана

- Наливной груз: груз, перевозимый в больших количествах, который не нужно упаковывать, так как он хранится в специально оборудованных отсеках.

Этот тип воздействия делится на три группы:

Жидкость

13

Все, что имеет отношение к смазочным материалам, бензину, топливу, растительным маслам или кулинарным жирам.

Источник: Алехандро Триана

Твердый

Все, что связано с зерновыми, минералами и удобрениями, Дерево, среди прочего.

Источник: Алехандро Триана

Газообразный

К ним относятся пропан, бутан, азот и другие (Triana, 2015).

Источник: Алехандро Триана

Следует отметить, что категории сыпучих продуктов часто могут считаться опасными.

- Специальный :

Все товары, которые в силу своих размеров, веса, прочности или опасности требуют обращения и транспортировки, отвечающей определенным "исключительным" условиям. Это широкое определение охватывает широкий спектр товаров, от скоропортящихся сельскохозяйственных продуктов, требующих строгого температурного контроля при транспортировке, до оборудования для горнодобывающих проектов, которое из-за своих размеров требует особого ухода. К этой группе товаров также относятся радиоактивные вещества, цветы, вина, медицинские образцы, вакцины, проектные грузы и т. д. (Global Business Logistics Transportation Distribution, 2011).

К этому виду транспорта также относятся изделия, считающиеся драгоценными, такие как произведения искусства, драгоценные металлы, шкуры, которые необходимо нагревать, и все изделия, которые клиент хочет перевезти или купить и за которые он платит особым образом.

3.2 Соответствующие аспекты международных перевозок.

Международные перевозки - это сложный процесс, который начинается с заказа на внешнем рынке и заканчивается доставкой товара клиенту. Для оптимизации управления перевозками важно иметь правильную инфраструктуру и транспортные механизмы, отвечающие потребностям клиента. Поэтому для повышения эффективности важнейшего логистического процесса важно *учитывать* некоторые *важные компоненты*. К этим компонентам относятся

Инфраструктура

Для каждой страны они представляют собой один из важнейших ресурсов для эффективной, надежной и конкурентоспособной торговли товарами и услугами, а также для содействия экономическому развитию. Они включают в себя естественные и искусственные дороги (реки, озера, моря, воздушное пространство, железные дороги, автострады) и терминалы.

Для Колумбии инфраструктура очень важна, чтобы инвестировать в крупные мегапромышленные комплексы , такие как те, которые сейчас находятся в разработке, например, Рута-дель-Соль, длинные автомагистрали и третичные дороги, которые обеспечивают связь между департаментами и, следовательно, облегчают экспорт, основные аэропорты и порты очень развиты и оснащены новейшими технологиями, но для того чтобы международные перевозки были эффективными, все страны должны также разработать план по улучшению своих дорог и быть на уровне инфраструктуры, чтобы этот процесс не стал узким местом.

Операции

Международная перевозка товаров может осуществляться двумя способами: непосредственно из страны происхождения в страну назначения или через ряд остановок или пересадок в различных странах до достижения страны назначения товара. Следует отметить, что как перевозчики, так и власти стран, через которые осуществляется транзит товаров, должны выполнять ряд требований и/или правил, связанных с перевозкой, начиная от документов, времени ожидания и гарантированных платежей и заканчивая действительностью перевозки, чтобы избежать рисков и ненужных мер.

Поскольку международный транзит товаров регулируется трансграничными соглашениями, решение этой проблемы было найдено в международной операционной системе таможенного транзита, разработанной ЕЭК ООН и Комитетом ООН по наземному транспорту и известной как *Конвенция МДП, которая* в настоящее время подписана 68 странами мира и предусматривает, что все товары, перевозимые под пломбами и в одобренных транспортных средствах, не подлежат физическому контролю во время транзита и что взимание соответствующих пошлин и налогов приостанавливается до прибытия товаров в пункт назначения. Это облегчает проведение тщательных проверок, экономит время на промежуточных границах, повышает скорость перевозок и дает таможенным органам необходимую безопасность и гарантии.

Операции связаны с видами транспорта, поскольку они могут *быть* унимодальными (*с одним видом транспорта*), мультимодальными (*с несколькими видами транспорта*) или интермодальными (*с различными видами транспорта в сочетании*), *так что в них участвует* более одного вида транспорта. Система МДП позволяет комбинировать различные виды транспорта, если хотя бы часть общей перевозки осуществляется автомобильным транспортом.

Источник : (Asercomex Logistics)

Услуги

В их число могут входить как отдельные поставщики и компании, так и отдельные пользователи и компании.

<u>поставщики</u> (перевозчики, судоходные конференции или авиакомпании).

<u>пользователи</u> (импортеры, экспортеры, дистрибьюторы или ассоциации пользователей).

4.2.1 Инфраструктура наземного транспорта в Колумбии.

За транспортную инфраструктуру в Колумбии отвечает Министерство транспорта, которое работает в сотрудничестве с Агентством по охране окружающей среды, Департаментом горнорудной промышленности и энергетического планирования, Колумбийской нефтяной компанией (Ecopetrol), Министерством горнорудной промышленности и энергетики и другими государственными органами.

В Колумбии всегда было желание изменить структуру перевозок, и усилия в этом направлении активизировались, когда члены колумбийского правительства поняли, каким прекрасным источником дохода это может стать, работая рука об руку с транснациональными корпорациями, которые также хотят контролировать эту крупную сеть.

Это привело к негативным тенденциям, таким как потеря интереса к такому специфическому и высокоэффективному виду транспорта, как железная дорога, когда считается, что лучше иметь ресурсы для наземного транспорта, который также не удовлетворен, чем пытаться восстановить эффективность Колумбии с помощью железной дороги.

Информация, содержащаяся в SICE - National Goods Transport, соответствует информационной системе об эффективной стоимости перевозки грузов на автотранспорте, разработанной Министерством транспорта, которая охватывает только маршруты к различным портам, аэропортам и логистическим зонам, где перевозятся товары, включая национальные направления.

В Колумбии насчитывается более 140 000 километров дорог третичного назначения, из которых 24% - грунтовые, 70% - асфальтированные и 6% - асфальтобетонные. Очевидно, что строительство третичных дорог должно стать неотъемлемой частью преобразования инфраструктуры страны, наряду со строительством основных автомагистралей, чтобы повысить ее конкурентоспособность. В дополнение к наземной транспортной инфраструктуре правительство должно запустить план по соединению всех видов транспорта, что не только откроет больше возможностей для производителей, но и значительно улучшит возможности доставки и поставок. С этой точки зрения еще многое предстоит сделать, поскольку Колумбия является худшей страной в Южной Америке с точки зрения железнодорожной инфраструктуры - средства, которое, очевидно, внесет большой вклад в интермодальность (Departamento Nacional de Planeacion DPN, 2014).

Согласно документу, план по улучшению Колумбии включает строительство третичных дорог для соединения так называемых основных автомагистралей и железнодорожных систем, которые постепенно исчезают, поскольку больше не используются.

Бесплатная ценовая политика

В связи с большой важностью наземного транспорта в Колумбии и анализом широкого спектра услуг, предоставляемых в стране, Министерство транспорта хотело взять под контроль эту деятельность, и одной из основных альтернатив контроля стали тарифы.

Тарифная свобода, предусмотренная новой политикой в отношении грузовых автомобилей, направлена на модернизацию сектора и поощрение конкуренции и инноваций. Цель этой меры - позволить наиболее эффективным перевозчикам конкурировать с более низкими ценами, в то время как правительство контролирует рынок и гарантирует справедливые цены для всех.

4.2.2 Ресурсы для внутреннего наземного транспорта.

В настоящее время мы видим, что в Колумбии есть два вида наземного транспорта, которыми можно управлять: автомобильные и железные дороги, которые не очень важны для государства, но, тем не менее, считаются средством, которое можно использовать максимально эффективно и которое гораздо выгоднее для перевозки товаров.

Улица

Дороги, как правило, проходимы, за исключением сезона дождей, когда происходит большинство оползней, блокирующих дороги. Автомагистралей немного, и большинство дорог - однополосные.

Некоторые дороги стали очень опасными из-за партизанских блокпостов и преступности в целом.

Железные дороги

Поезда используются в основном для грузовых перевозок, а пассажирские перевозки между городами практически не осуществляются. В последние годы движение часто прерывалось из-за финансовых трудностей. Наиболее важной является линия, связывающая Санта-Фе-де

Богота и Санта-Марта.

В 1960-е годы железнодорожная система считалась монополией, антитехнической, убыточной и сугубо конкурентной транспортной системой, без интеграции с другими транспортными системами и с непомерно высокими ценами на билеты. Кроме того, эксплуатационные дефициты железных дорог несло государство, что приводило к снижению доходов транспортных компаний. В некоторых случаях сосуществование с автомобильным транспортом считалось несправедливым (Palacio, 2016).

Хорошая транспортная система должна быть необходимым показателем прогресса страны, поскольку она позволяет доставлять продукцию к местам потребления. Однако в 1960-х годах не было четкой официальной транспортной политики, которая соответствовала бы стремительному прогрессу страны. Те немногие меры, которые были приняты, носили временный характер и были направлены на немедленное решение насущных проблем, не задумываясь о долгосрочной перспективе (Palacio, 2016).

Таблица 2 Перевозки материалов в Колумбии по годам и видам транспорта

| СИСТЕМЫ | Тысячи тонн перевезено | | | | | |
	1956	1968	2005	2010	2013	2014
1 железная дорога	5.000	3.237	308	366	97	174
2 Река Магдалена	2.069	2.601	2.210	1.464	1.384	1.727
3 Коммерческая авиация	130	106	135	119	149	163
4 трубопровода	7.000	11.451	51.836	76.707	140.381	163.105
5 грузовиков"	15.767	34.245	139.646	181.021	220.309	226.747
ВСЕ	29.966	51.640	194.135	259.678	362.321	391.916

Из приведенной выше таблицы видно, что железнодорожный транспорт в Колумбии сократился, в то время как наземный развивается и продолжает значительно увеличиваться, обеспечивая устойчивость различных департаментов благодаря функциям и правилам, которым должны соответствовать транспортные средства этой категории, чтобы передвигаться по территории страны.

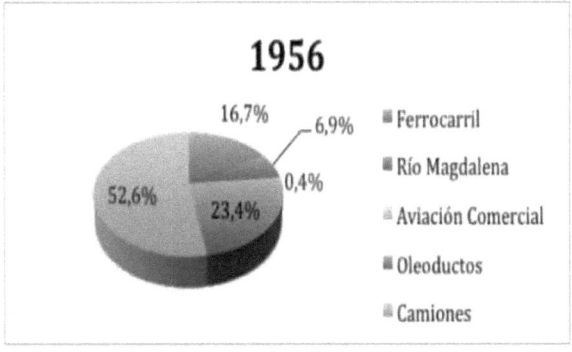

На диаграммах видно, как сильно развит и монополизирован в Колумбии наземный транспорт, что привело к большой мобилизации грузов этим видом транспорта и практически исключило другие альтернативные варианты транспортировки грузов и оборудования.

4. Цели наземного транспорта в Колумбии

В Колумбии считают, что наземный транспорт должен быть конкурентоспособным, так как это одна из самых эксплуатируемых профессий на всей территории страны, не пренебрегая при этом очень важным соображением, что эта деятельность должна осуществляться, для них государство выполняет модели типологии работ, которые могли бы выполняться в этой области, для того, что они считают

следующее :

Наблюдение: рынок контролируется, чтобы государство могло выявить ситуации, требующие его вмешательства.

VIGILADOS	2015	2016	Diferencia No.	% Variación
Empresas de pasajeros por carretera - PC	550	235	-315	-57%
Empresas de transporte especial – ES	1370	1275	-95	-7%
Empresas transporte mixto – MX	173	41	-132	-76%
Empresas transportadoras de carga - CG	2922	3107	185	6%
EMPRESAS DE TRANSPORTE TERRESTRE AUTOMOTOR	5015	4658	-357	-7%
Centros de enseñanza automovilística - CEA	625	656	31	5%
Organismos de tránsito – OT	245	221	-24	-10%
Centros de reconocimiento de conductores - CRC	465	373	-92	-20%
Centros de diagnostico automotor - CDA	365	333	-32	-9%
Centros integrales de atención – CIA	175	94	-81	-46%
ORGANISMOS DE APOYO	1875	1677	-198	-11%
Autoridades de tránsito	1102	1102	0	0%
Transporte masivo	28	41	13	46%
Transporte por cable	4	4	0	0%
Terminales de transporte	41	43	2	5%
OTROS VIGILADOS	1175	1190	15	1%
TOTAL VIGILADOS	8065	7525	-540	-7%

Источник: (Суперинтендантство портов и транспорта, 2016).

В 2016 году при содействии Департамента транспорта была проведена очистка базы данных контролируемых сторон в

22

Суперинтендантстве портов и транспорта, поэтому количество контролируемых сторон было меньше, чем в предыдущем году (Суперинтендантство портов и транспорта (Департамент транспорта), 2016).

В 2016 году делегированные полномочия по контролю за концессиями и инфраструктурой достигли следующих результатов

GRUPO	2015	2016	Diferencia No.	PORCENTAJE
Férreo	4	6	2	50%
Terminales De Transporte Terrestre Automotor	41	42	1	2%
Aeropuertos y Aerolíneas	159	165	6	4%
Viales	49	63	14	29%
Total Vigilados	253	276	23	9%

Источник: (Superintendencia de puertos y transporte (Ministerio de transporte), 2016).

Исходя из количества посещений, был учтен 171 руководитель, что соответствует 80-процентному национальному охвату.

Соглашение: предоставить владельцу, производителю электроэнергии и транспортной компании критерии для облегчения переговоров.

Образовательная: предоставить водителям и владельцам транспортных средств инструменты, необходимые для понимания структуры затрат на перевозку грузов и, таким образом, сделать свою деятельность более технически грамотной.

5. SICE - TAC

Для поддержки этой огромной операции государство разработало очень точные инструменты, такие как SICE-TAC, информационная система, которая измеряет или рассчитывает стоимость перевозок в зависимости от характеристик каждой поездки: тип транспортного средства, тип груза, пункт отправления/назначения, ожидаемое время ожидания, погрузка и разгрузка.

Структура операционных затрат

Уже несколько лет транспортный сектор Колумбии страдает от роста операционных расходов, недобросовестной конкуренции между перевозчиками из-за переизбытка предложений, снижения стоимости грузоперевозок и высоких цен на топливо.

Переменные затраты

Это расходы, связанные с мобилизацией транспортного средства. Эти расходы включают в себя топливо, техническое обслуживание и ремонт, шины, дорожные сборы, смазочные материалы, мойку и смазку, а также вспомогательные расходы.

Рост операционных расходов в 2015 году начался с увеличения индекса на 4,08%, в основном за счет роста курса доллара, который значительно увеличил стоимость капитала - стоимость импортных автомобилей, которая составляет 8,50% от корзины операционных расходов - статья импортных расходных материалов, таких как шины, покрышки, фильтры и смазочные материалы, которая весит 11,09% в корзине расходов, и техническое обслуживание, которое весит 12,35% в корзине расходов. (Perlaza, 2015)

Постоянные затраты

Это расходы, которые несет владелец автомобиля, независимо от того, находится ли он в эксплуатации или нет. Эти расходы включают в себя заработную плату и основные услуги (персонал), страхование, парковку, налоги и возврат инвестиций.

Прочие расходы

Это расходы, которые зависят от выставления счета за предстоящую поездку. К этим расходам относятся комиссии и услуги, административные расходы, rete fuente и reteICA.

По данным ежеквартального исследования деловой активности (EET), проводимого компанией COLFECAR, в секторе автоперевозок в четвертом квартале 2014 года было зафиксировано снижение количества мобилизованных тонн (-0,11% по сравнению с аналогичным периодом 2013 года) по сравнению с 40,05 млн тонн в четвертом квартале 2013 года.

Что касается оборота, то он снизился на 3,95 процента - с 4,31 миллиарда песо в четвертом квартале 2013 года до 4,14 миллиарда песо за тот же период 2014 года (Colfecar, 2015).

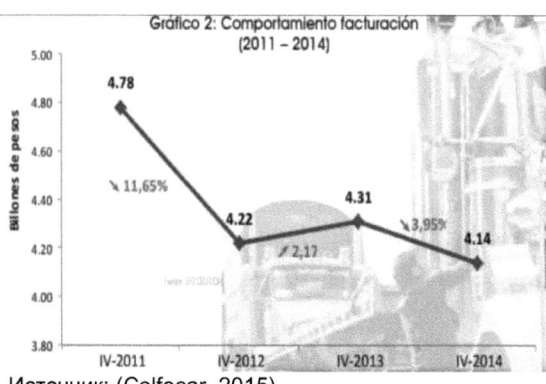

Источник: (Colfecar, 2015).

По данным (Colfecar, 2015), индекс стоимости грузоперевозок за период с января по декабрь 2014 года составил 1,65%. Это на 55 процентных пунктов меньше, чем за тот же период 2013 года, когда этот показатель составлял 2,20 %. Эта разница частично объясняется поведением фактора "топливо", который в период с января по декабрь 2014 года увеличился на 0,02 %, в то время как за тот же период 2013 года рост составил 1,35 %.

В Колумбии вызывает беспокойство тот факт, что индекс цен перевозчиков (TPI) растет быстрее инфляции, индекса потребительских цен и индекса стоимости автоперевозок (ICTC), как показано на графике ниже.

Источник: (Colfecar, 2015).

Более 10 лет Министерство транспорта работает над созданием модели затрат, отражающей реальные условия работы транспортных компаний. Чтобы разработать надежную и эффективную модель, Министерство транспорта сосредоточило свои усилия на проведении полевых исследований, обобщении статистики эксплуатации транспортных средств, сотрудничестве с другими органами, такими как DANE и Национальное агентство планирования, а также на постоянной обратной связи с транспортным сектором. Результатом этого процесса стал SICE-TAC - надежный и прочный инструмент, способный адаптироваться к постоянным изменениям в транспортном секторе Колумбии.

6. КОЛУМБИЯ И МЕЖДУНАРОДНЫЕ ПЕРЕВОЗКИ

Как мы уже отмечали, наличие эффективных и действенных услуг морского транспорта крайне важно для экономики любой страны, поскольку это в значительной степени способствует повышению конкурентоспособности, особенно для Колумбии, которая является предметом наших дебатов.

Для правительства Колумбии важно установить отношения или синергию между всеми игроками сектора, чтобы облегчить национальные и международные перевозки грузов и добиться положительных результатов, которые обеспечат стране высокий уровень конкурентоспособности. В первую очередь необходимо инвестировать в инфраструктуру страны, например, в дороги в отличном состоянии и технику, повысить безопасность перевозок и предоставить современное оборудование для достижения необходимой пропускной способности для всех типов грузов.

По данным (El TIEMPO, 2005), транспортная инфраструктура Колумбии недостаточна, неконкурентоспособна и не в состоянии справиться с ростом торговых потоков после вступления в силу соглашения о свободной торговле с США и другими экономическими блоками.

Проблемы есть не только у всех систем грузоперевозок - автомобильных, воздушных, железнодорожных, речных и портовых, - но и у мультимодальной системы, которая не применяется должным образом из-за отсутствия координации между всеми ответственными лицами, что означает низкую конкурентоспособность колумбийской продукции на международном рынке.

Транспортировка товаров в Колумбии улучшилась, но этого недостаточно для создания конкурентоспособной системы, поскольку импорт превышает экспорт, как показывает график ниже.

Gráfico 5. Balanza comercial. 2008 a 2014

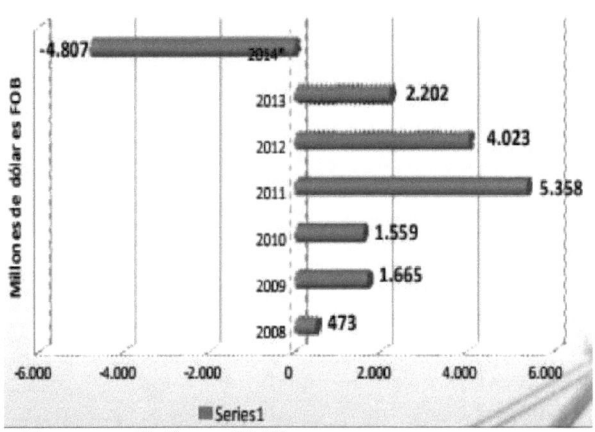

Источник: (Colfecar, 2015).

По данным (Colfecar, 2015), в 2014 году был зафиксирован отрицательный торговый баланс, а экспорт сократился на 21,7 процента по сравнению с 2013 годом.

98,8% экспортируемых товаров перевозится автомобильным транспортом; 1,0% экспортируемых товаров перевозится наземным транспортом. Кроме того, 97,3% тонн из-за рубежа прибывает автомобильным транспортом и 2,1% - наземным.

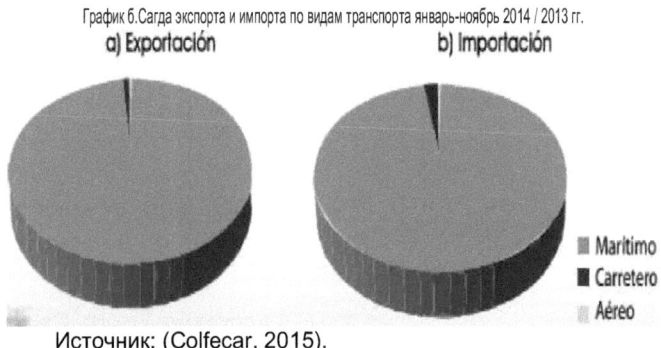

Источник: (Colfecar, 2015).

Стоит подчеркнуть важность портов материковой части Колумбии, таких как Буэнавентура, Санта-Марта, Картахена и Барранкилья, которые стали решающими факторами для колумбийской внешней торговли благодаря своим большим грузовым мощностям, гибкости в обработке грузов и конкурентоспособности в плане фрахтовых ставок. По данным DANE, в 2016 году порты Колумбии, включая портовых операторов, государственные и частные портовые компании, перевалили в общей сложности 153 миллиона тонн грузов, что на 1,3 % больше, чем в 2011 году.

7. ИСТОРИЯ УСПЕХА.

Портовая компания Буэнавентура (СПБ)

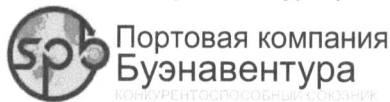

Он начал работать в марте 1994 года, когда правительство предоставило ему 20-летнюю концессию, основной целью которой является управление, обслуживание и инвестирование в порт, но не его эксплуатация, поскольку по закону эта задача возложена на портовых операторов. Первой мерой, предпринятой Региональным портовым обществом Буэнавентуры (SPRBUN), как оно первоначально называлось, после приватизации, было проведение детального исследования реального назначения порта; оно смогло определить, чего ожидает от Буэнавентуры колумбийская внешняя торговля, а также оценить отличное географическое положение порта. На основе этих исследований был разработан амбициозный инвестиционный план, направленный на повышение эффективности работы за счет улучшения технического оснащения для погрузки сыпучих грузов и приобретения козловых кранов для обработки контейнеров.

Оптимизация операций позволила SPRBUN снизить тарифы на 60% по сравнению с тарифами, действовавшими в период работы Puertos de Colombia (государственной публичной компании), что привело к увеличению количества судов в порту на 10% и росту объема грузов на 11% (Dinero, 2004).

Сегодня, после слияния с Tecsa S.A.S., Sociedad Portuaria Regional de Buenaventura была преобразована в группу компаний Sociedad Portuaria de Buenaventura (SPB), в связи с проблемами эксплуатации и мобильности, инфраструктуры и внутренних финансов. Цель этого решения - укрепить услуги портового оператора и логистические решения для клиентов.

В настоящее время на долю СПБ приходится 49 % внешней торговли Колумбии, благодаря инвестициям в инфраструктуру и тому, что это единственный многоцелевой порт в стране. Он является лидером по экспорту кофе и сахара, а также по импорту всех видов транспортных средств. Он также занимается перевозкой сыпучих грузов, на долю которых приходится 44 % национального рынка и 74 % рынка залива Буэнавентура.

Стоит отметить, что к 2017 году СПБ инвестирует 155,9 миллиона долларов в улучшение своей деятельности (Portfolio, 2016).

Источник: (Портфолио, 2016)

По данным (портфолио, 2016) в 2017 году они инвестировали более 96 миллионов долларов, 63 из которых на покупку 4 козловых кранов, которые уже находятся в эксплуатации, в общей сложности 10, и они добавили 36 козловых кранов на резиновых шинах (RTG) в рамках улучшения системы качества и для удовлетворения потребностей всех своих клиентов, обрабатывающих в среднем от 100 до 120 контейнеров в судочас, и в настоящее время работает над реализацией и адаптацией 250 погонных метров первого причала.

Еще один аспект BPS, который следует отметить, - это адаптация технологической системы , которая оптимизирует работу всех ее объектов, таких как устройство оцифровки, помогающее упростить процессы досмотра таможенной и антинаркотической служб, и интегрированная электронная система безопасности SISE, состоящая из замкнутой телевизионной системы, оснащенной 2 540 специальными камерами для контроля доступа и обеспечения безопасности всех ее компонентов.

8. РАЗВИТИЕ ПО ВСЕМУ МИРУ.

В качестве примера можно привести 10 крупнейших портов мира с большими логистическими платформами и историей значительного развития, у которых мы можем поучиться.

На этих великолепных примерах Колумбия может проанализировать и конкретизировать многие идеологии, которые она может внедрить в свое развитие для получения более надежных результатов в будущем, с которыми она сможет конкурировать и повышать свою производительность в условиях крупных международных переговоров.

Но после того, как логистика стала оказывать огромное влияние на мир, люди начали интересоваться, какие 10 лучших логистических портов в мире. Поэтому мы представляем вашему вниманию 10 крупнейших контейнерных портов мира. Для вас будет большим сюрпризом узнать, что девять из десяти крупнейших портов находятся на азиатском континенте.

Порто	Страна
Шанхай	Китай
Сингапур	Сингапур
Шэньчжэнь	Китай
Нинбо-Чжоушань	Китай
Гонконг	Китай
Пусан	Южная Корея
Гавань Гуанчжоу	Китай
Циндао	Китай
Джебель Али, Дубай	V.A.E.

Тяньцзинь	Китай

Источник: собственное производство.

Если посмотреть на приведенные выше цифры, то Азия лидирует в мире по объему контейнерных перевозок. В 2015 году количество контейнеров увеличилось на 72 %, что делает ее самой крупной по объему мобилизованных контейнеров в мире.

Сегодня, благодаря развитию логистики, мы достигли доли рынка, равной

Европа = 13,2 процента.
Америка = 9,6%.
Ближний Восток = 5,25%.

Мы можем ожидать, что их поведение будет меняться благодаря подписанным основным договорам и стремлению каждой страны быть все более конкурентоспособной.
Источник (сектор журнала "Мантимо") Военно-морская техника

Ссылки на бенчмаркинг

Одним из наиболее важных примеров, который мы можем принять во внимание при сравнении Колумбии, является порт Шанхая в Китае, который занимает первое место среди лучших логистических платформ для контейнерных перевозок в мире. Как мы уже говорили, эти порты настолько развились, что мы можем применить многие из этих практик в нашей стране, Колумбии, поскольку у нас есть все условия для того, чтобы конкурировать с лучшими.

Вот краткий обзор демографических тенденций в главном логистическом порту Китая.

Шанхай (Китай)

В порту Шанхая, чья история насчитывает несколько веков, расположены контейнерные терминалы в районах Яншань, Вайгаоцяо и Вусун, длина причала которых составляет более 13 километров, 156 портовых кранов и общая площадь контейнерных площадей - 6 730 000 м2. В прошлом году в Шанхае было обработано 36,54 млн TEU, что на 3,5 % больше, чем в 2014 году. Этот рост был медленнее, чем 5 процентов, зафиксированных в предыдущем году.

Необходимость разработки оборудования для портов и грузовых терминалов.

Поскольку развитие грузоперевозок заставляло все страны расширяться, к этому движению присоединились и основные компании, отвечающие за производство крупной техники для безопасной и эффективной транспортировки грузов. Именно в это время появились компании, отвечающие за производство различных контейнерных кранов, которые были вынуждены усовершенствовать свои конструкции и мощности из-за спроса, экспортируемого из всех портов мира, и с помощью этих производителей мобильность станет выше, но для этого нужны эффективные и производительные машины.

Приводы и системы управления можно встретить в портовых сооружениях по всему миру. Производительность, необходимая для эффективной и безопасной транспортировки грузов, позволила нам максимально автоматизировать, повысить надежность и безопасность каждого крана, используемого для логистических перемещений, увеличивая скорость и маневренность типичных процессов мобильности. Вот лишь несколько примеров:

Контейнерные краны

- Подпружиненный
- Мобильная гавань
- Пневматические шины Portikus
- Навес портика
- Рискованные виды спорта

Перевалка сыпучих грузов

- Передача груза

- Ведро с двумя отделениями
- Поворотный кран
- Кран Pontm

Верфь

- Рука
- Две руки
- Гигантская колоннада

Модульные приводные системы

Крановые системы Control в основном состоят из модульных приводов переменного тока Unidrive SP. Это компактные и гибкие устройства с электродвигателями, способные работать с нагрузками до 1,9 МВт. В то же время каждый модуль достаточно компактен и легок, чтобы обеспечить удобство перемещения на месте, упростить монтаж и техническое обслуживание.

Они могут быть настроены на резервирование и отказоустойчивость, чтобы краны продолжали работать даже в случае выхода из строя одного из модулей.

Система управления краном (CSM)

Система управления CSM контролирует физические и эксплуатационные условия крана в режиме реального времени. С ее помощью можно управлять краном, планировать операции технического обслуживания, анализировать неисправности крана и получать производственные данные.

Дифференциальная система глобального позиционирования (DGPS)

Система управления DGPS - это система автоматического управления и мониторинга транспорта на базе GPS для портового применения, которая может использоваться как на колесных, так и на шинных козловых кранах. Система предлагает режим относительного спутникового позиционирования (дифференциального)

Отличная точность с минимальным процентом ошибок положения.

Значение Инкотермс в международных перевозках грузов

Инкотермс, или "Международные коммерческие условия", публикуемые Международной торговой палатой, играют основополагающую роль в международных перевозках товаров, определяя на стандартном языке, кто несет расходы и какова ответственность каждой из участвующих сторон *(передача риска между покупателем и продавцом)* на различных этапах транспортировки.

Чтобы понять важность Инкотермс, вам необходимо ознакомиться с некоторыми базовыми понятиями, такими как

• Доставка товаров

Его можно применять разными способами:

Прямая *(товар доставляется непосредственно покупателю).*

Косвенная *(товар передается посреднику покупателя или перевозчику).*

• Передача риска

Это момент, когда экспортер больше не несет ответственности за место назначения товара, а импортер принимает на себя все риски во время транзита.

Это можно сделать, определив географические точки или хронологические моменты *(сроки).*

- Распределение расходов

Обе стороны договариваются о текущих расходах, например, на транспорт, документы, страховку и т.д.

  - Процедуры таможенного оформления

Как правило, за экспортные формальности отвечает продавец, за исключением случаев EXW (Ex - Works или Ex - Factory). Кроме того, импортные формальности считаются обязанностью экспортера только в случае DDP (Delivery Duty Paid) (Herbert Figueroa R, 2013).

Инкотермс	
Аббревиату	Крайний срок
Exw (ex работа)	Товар доставляется на территорию продавца, и счет за него перевозчику не выставляется. Все расходы по экспорту несет покупатель.
Fca (бесп латно)	Продавец несет ответственность за упаковку, погрузку и транспортировку товара в согласованное место.
Fas(free Вдоль лодки)	Этот способ аналогичен предыдущему, но в дополнение к нему продавец несет ответственность за размещение товара на борту судна. Продавец должен оформить товар через таможенный пункт экспорта.
Фоб (бесплатно на борту) :	Ответственность продавца прекращается только после того, как товар перешел через поручни судна.
Cfr(стоимость и грузоперевозки) .	Продавец берет на себя все расходы до прибытия товара в указанный порт (без разгрузки).
Cif (стоимость, страхование и фрахт) :	Он обладает характеристиками ср, но, кроме того, продавец обязан застраховать риски во время транспортировки; с этого момента все риски несет покупатель.
Cpt (транспорт оплачивается) :	Риск потери или загрязнения переходит к покупателю с момента передачи товара первому перевозчику.
Cip (оплачивается перевозка и страхование)	Продавец берет на себя расходы по страхованию транспортировки до оговоренного места назначения.
Дата (доставлено по терминал)	Продавец обязан доставить товар в согласованный порт или терминал аэропорта. Продавец несет все расходы до момента разгрузки товара в этом порту.

Dap(delivered on место) :	Товар доставляется на склад покупателя. Разгрузка не требуется.
Ddp (доставка с оплатой пошлины)	Товар доставляется на территорию покупателя. Продавец берет на себя все расходы (включая расходы по таможенному оформлению экспорта и импорта), за исключением разгрузки товара.
	на складе покупателя. Это самое важное обязательство для продавца

Источник: собственное производство

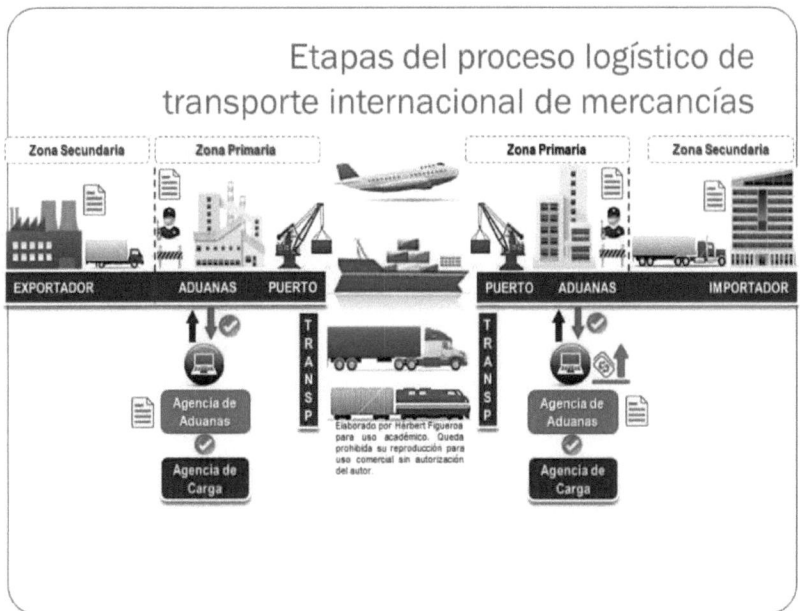

Источник: Helbert Figueroa R, 2013

9. ДРУГИЕ КРУПНЫЕ ПОРТЫ МИРА.

Порт Альхесирас (Испания)

Один из важнейших портов Средиземноморья. В 2015 году, по данным Пуэрто-де-ла-Финка, в этом порту было перевалено 98,23 миллиона тонн. Хотя он ведет свою историю с 1894 года, его развитие как логистического центра началось только во второй половине XX века, со строительством в 1964 году промышленного и химического комплекса рядом с бухтой, главными представителями которого являются нефтеперерабатывающий завод Gibraltar-San Roque de Cepsa и завод по производству нержавеющей стали Acerinox.

В 1982 году порт Альхесирас-Ла-Лмеа присоединился к порту Тарифа, распространив юрисдикцию портового управления на весь пролив. С 1993 года порт был переименован в Пуэрто-де-ла-Байя-де-Альхесирас, а его портовое управление - в Порт Альхесираса.

Порт залива Альхесирас расположен на юге Андалусии (Испания). Он состоит из ряда морских инфраструктур, разбросанных вокруг залива Альхесирас. Хотя на залив выходят только городские центры Альхесирас и Ла-Лмеа-де-ла-Консепсьон, портовые сооружения есть и на остальной части побережья, принадлежащие муниципалитетам Лос-Барриос и Сан-Роке. Управление портом осуществляется Портовым управлением залива Альхесирас совместно с портом Тарифа.

Это первый испанский порт по общему объему грузоперевозок и первый порт в Средиземноморье 1, занимающий 25-е место в мире и 6-е место в Европе по объему контейнерных перевозок.

Источник: (COMPORT Bahia de Algeciras, s.f.)

Еще одна особенность этого порта заключается в том, что он все больше превращается в одну из мировых гаваней, поскольку знает, как справиться с угрозой, которую несет кризис на европейском континенте.

Порт Барселоны (Испания)

О существовании этой гавани, Mare Nostrum, было известно с тех пор, как современная Барселона была названа императором Августом Colonia Iulia Augusta Faventia Paterna Barcino.

Еще одним серьезным испытанием для Испании является порт Барселоны, который оказывает большое влияние на транспортировку товаров и людей и делает страну высококонкурентной.

По пассажиропотоку это крупнейший средиземноморский круизный порт и четвертый по величине в мире после портов Карибского бассейна. Многие средиземноморские круизные суда базируются в порту Барселоны.

Порт Осло (Норвегия).

Как вы все знаете, Осло, столица Норвегии, - очень важный город, с впечатляющей инфраструктурой и значительными размерами.

Этот город является нервным центром Норвегии, поэтому через него проходит все самое важное, что составляет культуру, правительство и экономику страны, о которой мы говорим.

Такой важный город должен иметь не менее важную гавань. Гавань Осло - не только самая большая в Норвегии, но и одна из крупнейших в Европе.

Большая часть основных грузов страны проходит через порт Осло, который постепенно становится одним из центров экономики страны.

Источник: (BUSINESS WIRE, 2014).

Эта гавань предназначена не только для торговли, но и для туризма. Если вы заглянете сюда по какому-либо случаю, то наверняка обнаружите один из многочисленных больших круизных лайнеров, которые обычно заходят сюда, ведь Осло - один из самых популярных городов среди отдыхающих, приезжающих в Европу в круизе.

Источник : (OSLO HAVN PORT)

Это еще одна замечательная идея, которую может развить страна Норвегия. Используя любую ситуацию, можно стать одной из лучших стран в мире.

С ростом производительности труда в Осло ожидается рост импортно-экспортной отрасли порта, что говорит о том, что Норвегия - великая страна, где свобода и жизненные шансы людей находятся на высоком уровне благодаря лидерам, которые думают о коллективных результатах.

Мы считаем, что это еще один великий переворот, которого добилась эта страна, и что ей удалось увидеть большую альтернативу в логистических процессах, так как это является большим источником ускорения государственного развития.

10. ВЫВОДЫ

* В условиях растущей глобализации и конкуренции необходимо развивать грузовые порты, а если к этому добавить потребителей, которые требуют более высокого качества товаров и услуг, то логистика играет основополагающую роль в достижении высоких результатов.

* Из приведенной выше выдержки читатель может сделать вывод, что порты Колумбии являются очень важным активом благодаря своей функциональности, грузоподъемности и стратегическому положению.

* Очень важным аспектом является способность различных колумбийских портов мобилизовывать и управлять перевозками товаров, поскольку в настоящее время некоторые порты более мобильны, чем другие, в частности региональный порт Буэнавентура, который обрабатывает 66% товаров, поступающих в Колумбию.

* Изучив различные логистические платформы и порты, мы можем подтвердить, что Колумбия продолжает развивать этот вопрос и что это важное дело, которое необходимо решить, поскольку оно может повысить конкурентоспособность страны на глобальном уровне.

* Планирование, внедрение и эксплуатация "единых окон" (ЕО) в странах Латинской Америки и Карибского бассейна приобретают все большее значение в политике содействия торговле, поскольку они могут сделать международные торговые операции более эффективными, действенными, прозрачными и безопасными.

Литература

(n.d.).

3recomundos (21 мая 2014). *ОБРАТНЫЙ LOG^STIC*. Retrieved from http://3recomundos.webnode.com.co/news/preguntas-y-sugerencias/.

Бризуэла, С. А. (08 июня 2005 г.). Стратегии продвижения логистических услуг международных грузовых перевозок (на примере компании PANALPINA). Антигуо Кускатлан, Сальвадор.

BUSINESS WIRE. (11 июля 2014). *Порт Осло выбирает нового оператора для контейнерного терминала Sjurs0ya*. Retrieved from http://www.businesswire.com/news/home/20140711005201/es/.

Colfecar (2015). Мобилизация грузовых перевозок. *El Container*, 56.

COMPORT Bahia de Algeciras (n.d.). *Портовое сообщество залива Альхесирас*. Accessed on   01 October   2017 ,
                           by
http://www.portofalgeciras.com/

Национальный департамент планирования DPN. (21 ноября 2014 г.). *"LA INFRAESTRUCTURA EN EL PLAN NACIONAL DE DESARROLLO 2014-2018 "*.   Obtenidode. https://www.dnp.gov.co/programas/transportes/Paginas/Transport e- v%C3%ADas-comunicaciones-energ%C3%ADa-miner%C3%ADa-e- hidrocarburos.aspx

Динеро (2004). Региональная портовая компания Буэнавентуры "на 10 лет больше". *Dinero*.

El TIEMPO (2005). *Колумбия не в состоянии противостоять воздействию соглашения о свободной торговле*. Богота, округ Колумбия: EL TIEMPO.

elEconomista (2017). Продвижение порта Барселоны в виртуальной реальности 360° на конгрессе Аесос. *EcoDiario.es*. Доступно 5 октября 2017 г.

EMERSON Industrial Automation (n.d.). *ОБОРУДОВАНИЕ ДЛЯ ПОРТОВ И ГРУЗОВЫХ ТЕРМИНАЛОВ*. Retrieved 24 September 2017, from http://www.emersonindustrial.com/en-US/controltechniques/industries/portandfreightterminalmachinery/Pages/portandfreightterminalmachinery.aspx.

Яника, Ф. (24 апреля 2016 г.). Логистика и инфраструктура в Колумбии: вызов. *El Espectador*.

История транспорта (16 января 2011). Извлечено из http://lahistoriadelostransportes.blogspot.com.co/2011/01/el-media-verbesserung.html

Ланг, Д. (2008). *Международная логистика: глобальное управление цепями поставок*. Мехико, округ Колумбия: LIMUSA.

Министерство транспорта (2007). *Структура расходов на эксплуатацию транспортных средств при маршевых перевозках в 2006 году*.

Министерство транспорта (2015). Транспорт в цифрах статистика 2014. Retrieved 27 August 2017 , from. file:///C:/Users/USER/Downloads/Verkehr%20in%20Zahlen%20-%20Statistik%202014.pdf.

Муньос, Л. Ф. (n.d.). Эволюция международного морского транспорта. Применение к Западному Средиземноморью . http://www.asesmar.org/conferencias/documentos/doc_semana27/capit ulo2.pdf.

Глобальная бизнес-логистика Транспортное распределение (апрель 2011). Основные *соображения по поводу специальных грузов*. Получено с сайта http://www.emb.cl/negociosglobales/articulo.mvc?xid=450&edi=18&xit= basic-considerations-of-special-loads.

OSLO HAVN PORT OF OSLO (n.d.). *Порт Осло - вкратце*. Доступно 30 сентября 2017 г. , по http://www.oslohavn.no/en/about_us/port_of_oslo/

Паласио, А. Г. (2016). *Развитие наземного грузового транспорта в Колумбии и его влияние на компании в промышленном секторе Валье-де-Абурра.* Медельин.

Перлаза, Р. (2015, 4 февраля). Кризис в транспортном секторе. *El Container (Colfecar)*, 56. Получено 17 сентября 2017 года с сайта http://www.colfecar.org.co/container%202015/elcontainer_febrero _2015 .pdf.

портфолио (2016). Бизнес-группа SPB начинает работу в этом месяце. *Портфолио.*

Росас, К. М. (июль 2013 г.). Анализ грузовых перевозок в Колумбии для разработки стратегий достижения международной конкурентоспособности и стандартов инфраструктуры. Богота, Колумбия.

Saldarriaga, D. L. (27 июня 2017). *La Gestion del Transporte (Entrega II) - by Diego Luis Saldarriaga R.* Retrieved from http://www.zonalogistica.com/articulos-especializados/la-gestion-del- transporte-entrega-ii-by-diego-luis-saldarriaga-r/.

Шаттлворт, М. (21 мая 2008). *Sample research article* . 10 July *2017.* Accessed by. https://explorable.com/es/ejemplo-de-un-articulo-de-investigacion

Управление портов и транспорта (Министерство транспорта) (2016). *Отчет об управлении за 2016 год.* Bogotá D.C. Accessed on 17 September 2017 , by. http://www.supertransporte.gov.co/documentos/2017/Febrero/Pla neacio n_09/Management_Bericht_2016_1_1.pdf

Триана, А. (1 марта 2015). *Классификация грузов.* Retrieved from http://clasificacion-de-la-carga.blogspot.com/.

Организация Объединенных Наций (2012). "Руководство по внедрению упрощения процедур торговли" Получено с сайта http://tfig.unece.org/SP/contents/transit- transport-operation.htm.

Фигероа, Р. Х. (30 июля 2013). История международной торговли (часть 1): От финикийцев до Испанской империи. Торговые пути. Retrieved

с сайта . https://pymeinternacionalizada.wordpress.com/2013/07/30/la-importance-of-incoterms-2010-incoterms-for-foreign-trade-activities-part-i/

Printed by Books on Demand GmbH, Norderstedt / Germany